I0820689

le duende

Motif de la quatrième de couverture :
Image scannée à partir d'un dessin colorié de Federico García Lorca

68 rue du Cardinal Lemoine, 75005 Paris.

collection « encre marine »
ISBN : 978-2-909422-95-X

ignacio gárate-martínez

le duende

jouer sa vie

suivi de

jeu et théorie du duende

federico garcía lorca

préface de

nadine ly

encre marine

Pour Inés et son duende à venir

Préface

J'ai le grand plaisir de présenter aujourd'hui la nouvelle édition du beau livre d'Ignacio Gárate Martínez, *Le Duende : Jouer sa vie. De l'impossible du sujet au sujet de l'impossible*, publié d'abord à Paris en 1996 et 1998 aux éditions Gemme, et à La Versanne en 2005, aux éditions Encre Marine.

Ce livre est d'abord un hommage à Lorca, comme en témoigne la maquette de couverture de la première édition, élaborée par Ignacio Gárate à partir d'un dessin du poète, pour rappeler et célébrer le soixantième anniversaire de la mort de Federico García Lorca, à Grenade, en août 1936.

Il est aussi un hommage à cette très belle conférence de Lorca, sans doute l'une des plus importantes : *Juego y Teoría del duende*, « Jeu et Théorie du Duende ». Cet hommage passe par une traduction, qui occupe la deuxième partie du livre, autant dire son sommet, dans un corps à corps entre les deux langues espagnole et française et une fusion entre le traducteur qui s'est approprié le texte lorquien et la théorie du duende que Lorca invente et qu'il appelle aussi un « jeu », d'un mot qui chez lui est chargé de gravité et de profondeur et qui touche toujours au tragique et à la mort. Cette conférence a vraisemblablement été rédigée en 1930, après le choc de la rencontre de Lorca avec New York et en même temps que la composition de son immense et bouleversant *Poeta en Nueva York,* dont la rédaction a été très rapide, et qui résulte de la fusion de deux recueils *Tierra y luna, Terre et lune* et *New York*. Dans la conférence sur le *Poète à New York*, donnée par Lorca, le 6 décembre 1932 à Barcelone et reprise à Buenos Aires en 1933, ce dernier, qui était obsédé par la terreur d'ennuyer son auditoire – *cet énorme dragon que j'ai devant moi et qui peut m'engloutir dans le bâillement de ses trois cents têtes frustrées* –, définit sa conférence et la lecture de ses poèmes comme une *lutte corps à corps* (Pléiade I, p. 945) dont il lui est égal de sortir vainqueur ou vaincu et il convoque, pour l'aider, le duende :

> *Ainsi donc, avant de lire à haute voix et en public ces poèmes, la première chose à faire est de demander secours au* duende, *le seul moyen d'éclairer tout le monde sans l'aide de l'intelligence ni appareil critique, tout en sauvegardant d'une manière instantanée la difficile compréhension de la métaphore.*

Dans cette convocation, le duende est d'emblée situé dans un lieu autre que celui de l'intelligence discursive, démonstrative et érudite : s'agissant d'une lecture publique, je dirais que le poète se propose de fasciner par la voix, par le ton et le rythme, par le corps, de manière à ce que ses « métaphores » soient immédiatement, physiquement et intuitivement comprises, alors même qu'elles sont inexplicables et non traductibles ou non traduisibles, intransférables hors des mots qui les constituent.

La Conférence du duende, quant à elle, a été prononcée une première fois à La Havane en mars-avril 1930 puis, à Buenos Aires, en octobre 1933 et à Montevideo en février 1934. Le livre d'Ignacio Gárate est le premier et le seul à lui conférer une portée universelle et à lui donner sa juste place, mais toute sa place, dans l'histoire de la pensée. Son livre, en effet, consacre l'entrée, dans le lexique français, d'un mot nouveau, le mot duende, qu'il ne met jamais entre guillemets et qu'il ne distingue pas non plus par des italiques (ce que fait l'édition de la Pléiade, par exemple) : duende n'est pas – ou n'est plus – un mot intraduisible importé, il est désormais un terme français, qui entre par la grande porte du style dit standard de la typographie, dans le trésor de nos mots et dans le concert des concepts de la pensée européenne et universelle. À ma connaissance, le mot est inclus, au même titre que tous les autres mots anglais, dans le *New Oxford Dictionary of English,* publié en 1999. Je ne sais pas ce qu'il en est des autres langues d'Europe. C'est donc un troisième hommage qui est ici rendu par Ignacio Gárate : un hommage à la langue espagnole, dont Lorca lui-même célèbre les trouvailles et les images dans une autre conférence : *L'image poétique de don Luis de Góngora.*

Qu'est-ce que le duende ? Je cite Lorca, dans la traduction d'Ignacio Gárate :

> *et Manuel Torres, l'homme avec le sang le plus cultivé que j'ai jamais connu, dit, en écoutant Falla lui-même dans son* Nocturne du Généralife *: « Tout ce qui a des sons noirs a du duende », et il n'est pas de vérité plus grande.*
> *Ces sons noirs sont le mystère, les racines qui se plantent dans le limon que nous connaissons tous, que nous ignorons tous, mais d'où nous parvient ce qui est substantiel dans l'art. « Des sons noirs » a dit l'homme populaire d'Espagne, et il coïncida avec Goethe, qui définit le duende en parlant de Paganini, lorsqu'il dit : « Pouvoir mystérieux que tous ressentent et qu'aucun philosophe n'explique. »*

UN HOMMAGE À LA LANGUE ESPAGNOLE.

Dans la conférence, Lorca rappelle l'expression espagnole *tener duende, avoir du duende,* qui est véritablement, dans sa forme même, une formule spécifiquement espagnole, comme cette autre : *tener ángel, avoir de la grâce, du charme et une adorable amabilité.* Je ne connais, dans notre langue française, qu'une seule formule comparable, mais qui a un sens bien différent : *avoir du chien.* Dans ces trois expressions, un être est mis en œuvre avec *tener* ou *avoir* pour dire une qualité que seul le nom de chacun de ces êtres est capable de suggérer et de signifier.

Ignacio Gárate, avec les premiers mots de son texte et le titre de sa première séquence : « Le mot », raconte l'histoire, l'étymologie de duende. Si *dueño* est le résultat complet de *dómnus* latin ; si *don*, sans diphtongue, en est le résultat apocopé, la particule de respect qui se place devant un prénom (don Luis = Góngora, don Ramón = Ramón Menéndez Pidal, p. ex., mais jamais « don Federico »...), *duen*, avec diphtongue, est aussi la forme apocopée de *domnus>dom*, qui intervient dans une formule fixe : *duen de la casa*, qui désigne les petits démons familiers qui hantent les maisons et en sont à la fois les génies protecteurs et les lutins malicieux qui transforment en charbon les pièces d'or et inquiètent leurs habitants. Calderón, qui n'a pas écrit que *La vie est un songe*, a composé sous le titre de *La dama duende* une extraordinaire comédie d'intrigue amoureuse, dans laquelle une jeune veuve, grossièrement séquestrée par ses deux frères, se sert de la paroi escamotable d'une armoire encastrée, pour entrer dans la chambre d'un galant, ami de ses frères, et lui laisser des billets qui le troublent et le captivent. Est-il tout à fait fortuit que cette dame s'appelle *Doña Ángela* ? Il est inutile de dire que si le valet poltron et comique attribue ces billets à un démon familier de la maison, don Manuel, quant à lui, sait qu'il est en présence de quelqu'un qui a du duende, qui frôle le danger et qui le met en danger, mais qui le fascine, et qu'il finira bien entendu par épouser.

L'idée-phare de la première séquence du livre d'Ignacio Gárate est lumineusement exprimée dans le fragment suivant :

> *Que les esprits protecteurs d'une maison deviennent malicieux, trompeurs, voire méchants, selon les époques et les superstitions, peut nous sembler bien ordinaire. Qu'ils quittent la maison ou l'autel du sacrifice, pour pénétrer une autre demeure, l'est beaucoup moins, surtout si cette demeure, c'est le corps.*

Certes, le fragment est porté par l'océan de la conférence lorquienne, mais il en est en même temps très différent. Non seulement il s'en est émancipé, mais il l'éclaire, il l'explique. Dans la conférence, en effet, le duende est affaire de sang, qu'il brûle et où il habite, puisqu'il remonte des ultimes demeures du sang (où sont-elles ?), ou de la plante des pieds à la gorge du chanteur ; le duende rôde sur les bords de la blessure et griffe Socrate avalant la ciguë. Rien de tout cela n'apparaît dans la partition qu'Ignacio Gárate choisit d'interpréter, ou plutôt que la conférence lorquienne joue en lui. Car, si ce que disait le toujours jeune Archiprêtre de Hita (XIVe), ou plutôt son *livre de bon amour*, est vrai, à savoir : *De tous les instruments, moi, livre, suis l'accoucheur ou le parent* (70a : *De todos instrumentos, Yo libro, soy pariente*), la conférence lorquienne a fait vibrer plusieurs cordes de cet « instrument » qu'est Ignacio Gárate : la corde de l'Espagne et de la langue espagnole, la corde d'une certaine poésie espagnole, la corde du mystère de l'inconscient, toutes liées à cet autre instrument, si proche de la théorie du duende et de la création poétique, qu'est la psychanalyse.

La création poétique

Ignacio Gárate sent bien que l'écriture poétique espagnole

> *a du mal à intégrer la fonction structurante* du magistère interne de la loi – *que nous nommons dans notre argot « rapport à la castration » –, en cela bien aidée, sans doute, par les dictatures nombreuses et les « caciques », mais principalement par la persistance opiniâtre de ce* duende malin [...].

Qu'est-ce qui a permis au *duende malin* de persister et de se manifester, disons, plus librement dans la littérature espagnole que dans la littérature française ? Ignacio Gárate attribue au duende le fait que *la langue espagnole a gardé toute la force de la culture populaire* : la langue étant non seulement le véhicule, mais encore le matériau même et le « sujet » profond de toute œuvre de création littéraire, il est bien évident que toute la littérature espagnole semble, elle aussi, *garder toute la force de la culture populaire.* Je dirai, pour ma part, que même dans ses manifestations les plus sophistiquées, elle garde toujours quelque chose de « naturel », de savoureux et de distancié. D'un point de vue historique, ou positiviste, un fait peut éclairer le phénomène : les dates respectives de fondation de l'Académie française et de la Royale Académie espagnole. L'Académie française est créée par Richelieu en 1635, l'année où, en Espagne, meurt Lope de Vega, triomphe Calderón avec *La vie est un songe*, où Quevedo compose ses sonnets d'amour conceptistes et volcaniques à Lisi et invente l'humour noir, et où Gracián prépare déjà son traité sur *La pointe ou l'art du génie*, également traduit par *Art et figures de l'esprit*. *La Real Academia* espagnole est fondée presque un siècle plus tard, en 1713 (78 ans après), et les auteurs de son Dictionnaire, dit de *Autoridades*, incluent des citations de tous les écrivains qui ont illustré la langue, des néologismes d'un Juan de Mena (XVe) à ceux, burlesques, d'un Quevedo. L'Académie française, en revanche, est soumise au génie de Malherbe, dont l'idéal est « le bon usage », c'est-à-dire la conversation des gens de cour et du « grand monde ». Marc Fumaroli a admirablement évoqué la langue façonnée par Malherbe et l'Académie :

> *[...] la langue royale, commune à tout le royaume : sa principale supériorité sur les différents sociolectes – populaires ou nobiliaires, provinciaux ou professionnels – c'est justement sa vocation à servir de lien social à tous les groupes qui composent, et qui doivent cesser d'émietter, le royaume. C'est le remède à Babel... C'est une langue « douce », « claire », « élégante » qui, filtrée par le goût de cour, vérifiée par l'Académie, se veut le carrefour et la norme de toute communication française ; elle véhicule, éventuellement avec grâce et esprit, le système des lieux communs acceptable par l'ensemble de la Cour, et donc par le royaume entier* (« La Coupole » in *Trois Institutions littéraires*, Folio-Histoire, n° 62).

Ignacio Gárate se fait l'écho de cette prégnance de l'Académie – plus française qu'espagnole, il faut le préciser – sur toutes les œuvres que n'habite pas le duende. Je me pose une question : tous les chefs-d'œuvre, quels qu'ils soient, ne sont-ils pas habités par le duende ? Et pour ma part, je dirais que Boileau a du duende, surtout quand il traduit le traité du Pseudo-Longin sur *Le Sublime*, comme La Fontaine et les grands dramaturges français du Grand Siècle, et Diderot, et Rousseau, jusqu'à ce que Victor Hugo décide de *mettre un bonnet rouge au vieux dictionnaire*. Si l'intégration de la loi et de la norme *conduit à dire dans une quête de bien dire* (p. 22), le duende est là pour secouer le « bien dire » et le métamorphoser en une voix unique, mystérieuse et sidérante. Je cite encore Ignacio Gárate :

> *La littérature existe, certes, mais même lorsqu'elle parvient à éviter le piège de l'académisme, même lorsque, dans sa révolution contre la tyrannie de la rhétorique, elle devient novatrice, elle reste dans le cadre, dans les limites d'une loi, elle demeure dans l'aire du symbolique* (p. 23).

C'est pourquoi, suivant en cela la conférence lorquienne, Ignacio Gárate privilégie les arts qui se situent hors du langage : la tauromachie, la danse, le *cante jondo*. Lorca y ajoutait : la poésie parlée, art du corps, comme les autres. Et pourtant, dans ce mouvement pendulaire qui le mène du langage du corps au langage tout court, Ignacio Gárate, qui aime la littérature et qui y revient, qui ne peut qu'y revenir, trouve un passage entre le langage du corps et l'aire du symbolique : ce passage c'est, brusquement, dans un texte, la présence de la voix, la voix du sujet, qui n'advient au texte qu'autant qu'il a convoqué un tiers puissant, le duende, seul capable de transformer la parole en acte inouï :

> *Par le chemin broussailleux de la voix, dans la rocaille du désert du geste, une* évasion réelle *se produit, parce que – à oublier qu'il est « Moi », sujet en quête de lauriers – l'artiste se retrouve désassujetti et se libère, à la frontière du dire, avec son dit, de ce fait unique, inimitable, non soumis à la répétition.*
> *L'acte est là qui me regarde parce que j'ai su me faire désert et lui céder la place.*

Cette dernière phrase, si elle rappelle les purgations successives de la nuit obscure de saint Jean de la Croix, me rappelle aussi ce que le poète Rafael Alberti avait répondu, lors de la cérémonie qui le faisait Docteur Honoris Causa de l'université de Bordeaux, à quelqu'un qui lui demandait ce qui se passait quand il se mettait à écrire un poème : *No sé qué pasa. Me sale. Je ne sais pas ce qui se passe. Ça sort.* Et c'est aussi ce que dit Louis Aragon, faisant de l'écrivain qui écrit le lecteur de ce qu'il voit écrit sur la page, dans *Je n'ai jamais appris à écrire ou Les Incipit* :

> *Ce que j'avance, quant à moi, c'est qu'au moment où l'expérimentateur semble élire la phrase-seuil du roman, et en réalité ne fait que la* lire, *se produit une réaction d'où dépend la suite de la lecture, et naît un corps imprévisible, d'un affrontement jamais tenté de substances, ainsi qu'un être nouveau de la « conversation » d'un homme et d'une femme* (p. 73-74).

Dans sa conférence, Lorca, plus que tout autre habité par le duende et qui, plus que tout autre, aimait les bords dangereux de l'inconscient, engloutisseur et libérateur à la fois, Lorca donc, oppose trois entités qui président à l'acte d'écriture : le Duende, bien sûr, la Muse et l'Ange et il construit une Europe nouvelle en fonction de ces trois entités (L'Allemagne a surtout de la muse, l'Italie presque toujours de l'ange, l'Espagne, toujours, du duende : *Dans le monde, il n'y a que le Mexique qui puisse aller de pair avec mon pays*, p. 63). Il établit aussi une cartographie des artistes plastiques et des écrivains en fonction de ces trois instances. Quelques exemples, dont il ne faut pas tirer des conséquences définitives : l'instance Muse dicte ses vers à Gonzalo de Berceo et à Góngora ; l'instance Ange guide l'Archiprêtre de Hita et Garcilaso ; le Duende est chez Jorge Manrique, Cervantès et Quevedo, Thérèse d'Avila et Jean de la Croix, chez Pedro Soto de Rojas, dans les sonnets sacrés de Lope de Vega, chez Le Gréco, Velázquez, Valdés Leal et Goya, etc., chez les chanteurs de flamenco et chez les toreros :

> *Lagartijo avec son duende romain, Joselito avec son duende juif, Belmonte avec son duende baroque et Cagancho avec son duende gitan, enseignent dans le crépuscule de l'anneau* [l'arène], *aux poètes, aux peintres et aux musiciens, quatre grands chemins de la tradition espagnole.*

Il m'a semblé qu'Ignacio Gárate, s'il la mentionne et parfois l'utilise, ne place pas au centre de sa lecture la tripartition lorquienne en poètes de la muse, de l'ange ou du duende. Il a raison : Lorca aurait-il écrit la conférence sur Góngora si le poète n'avait pas eu de duende ? Je ne le crois pas. Et Lacan, parlant de soi-même, aurait-il dit : *Je suis le Góngora de la psychanalyse*, si la littéralité gongorine n'avait quelque chose à voir avec l'opacité de ce que Lacan appelle *la nuée du langage* ? :

> *C'est ce que j'ai dit dans un texte, certes non sans imperfections, que j'ai appelé* Lituraterre. La nuée du langage – *me suis-je exprimé métaphoriquement* – fait écriture.
>
> (Le Séminaire, Livre XX, *Encore*, Seuil, p. 109).

En revanche, Ignacio Gárate donne sa théorie de la « parole » du duende (p. 22) :

> *Le duende dort tapi dans sa demeure, il est comme mort, ivre de sang, intoxiqué d'arômes et d'humeurs, vivant la vie du dedans, comme un déchet. Soudain, quelque chose le touche, quelqu'un qui tente de parler ne peut le faire et, sans rien dire, s'en va chercher les mots du corps, dans un dédale. Au détour de ses tours, il touche au duende, mais gare à son éveil, il peut détruire...*

Et, plus loin, dans *Le Dire*, p. 29 :

> *[...] tout le rapport de la langue espagnole à ce qui reste inarticulé dans l'art : sa tentative de dire sur l'impossible, parcourt un chemin parallèle à celui de la psychanalyse et produit des effets de sens qui fournissent quelques pistes lorsque le clinicien, malade de ses propres limites, hagard et las à force d'encourir la castration, abandonne le champ de la parole et réduit l'interprétation à la scansion.*

Dans une très belle séquence de son livre « L'entre-deux dires » (p. 29), Ignacio Gárate nous offre une très brève anthologie des poètes et des fragments qui, pour lui, ont du duende ou dont il a voulu faire sortir le duende dans son livre : Manuel Machado, le frère mal aimé du grand Antonio Machado, sa face obscure, hanté et obsessionnellement attaché à sa « peine mauvaise », à son mal de vivre, à son « symptôme » et surtout l'immense Miguel Hernández, le poète d'un recueil de sonnets intitulé *El rayo que no cesa,* titre qu'il traduit par *La Foudre interminable*, expression assortie d'un appel de note (2) que la note (p. 28) définit laconiquement et, à mon avis, génialement par : La *pulsion.* Or, dans ce recueil, la suite des sonnets est interrompue par un poème bouleversant, l'*Élégie à Ramón Sijé, à l'ami mort, compagnon aimé, qui reste la plus belle qu'il m'ait été donné de connaître* (écrit Ignacio Gárate). De la lecture de cette élégie, dans la traduction – la plus belle qu'il m'ait été donné de connaître – qu'il nous en donne dans ce livre, je voudrais faire la conclusion de cette présentation. Permettez-moi de remercier Ignacio Gárate d'avoir si bien compris et transcrit le duende de Miguel Hernández :

> *De mes mains je soulève une tourmente de pierres, foudres et haches stridentes, assoiffée de catastrophes et affamée.*
> *Je veux gratter la terre avec mes dents, je veux écarter la terre de part en part à coups de dents secs et chauds.*
> *Je veux miner la terre jusqu'à te trouver et embrasser ton noble crâne et te débâillonner et te ramener.*
> *Tu reviendras à mon jardin et à mon figuier : par les hauts échafaudages des fleurs oisellera ton âme enruchée d'angelicales cires et labeurs. Tu reviendras au bercement des grilles des laboureurs énamourés.*
> *Tu égayeras l'ombre de mes sourcils et ton sang, s'en iront de chaque côté se disputant, ta fiancée et les abeilles. Ton cœur, déjà velours fané, convoque à un champ d'amandes écumeuses ma voix avaricieuse d'amoureux.*
> *Aux âmes ailées des roses de l'amandier de crème je te requiers car nous devons parler de beaucoup de choses compagnon de mon âme, compagnon. »*

Car les traducteurs eux aussi doivent avoir du duende pour communiquer à leurs lecteurs le duende du poème originel : une traduction qu'animent ce « pouvoir mystérieux », ces « sons noirs », et cette culture, très ancienne, archaïque, du corps et du sang, dont parle Lorca, pourrait bien réaliser le désir de ce que l'on appelle une traduction « littérale ».

Nadine Ly
Professeur des universités
Directrice du Bulletin Hispanique

Ignacio Gárate-Martínez

Le duende

Jouer sa vie

De l'impossible du sujet au sujet de l'impossible

Le Mot

En l'an 1062, en Espagne, l'usage vulgaire du latin Dominus produisait une contraction Domnus qui, au fil des ans[1] allait passer du Dom au Duen et de celui-ci à Duende. Ce terme « Duen » – et plus tard « duende » – venait toujours de pair avec l'expression « *de la casa* [de la maison] » et signifiait tout simplement Dueño, c'est-à-dire, Maître, Seigneur. Ce *seigneur de ma demeure*, qui est *plus maître que moi*, me parle d'une *vérité* que la réalité *calomnie* par le biais du vraisemblable : c'est-à-dire de la *raison*.

Bien sûr, la chose est commune, si nous en restons aux *Lares* et *Pénates* protecteurs du Domus romain[2]. Que les esprits protecteurs d'une maison deviennent malicieux, trompeurs, voire méchants, selon les époques et les superstitions, peut nous sembler bien ordinaire. Qu'ils quittent

1. 1221, fuero de Villavicencio, León.

2. La langue basque donnera, par le même procédé, *etxajaun* (1562), l'anglais *house-fairy*, et l'allemand *kobold* à partir de *kubawalds* dont le deuxième élément *walten* indique la maîtrise et le premier, *kobel* signifie, en allemand du moyen âge, maison étroite.

la maison ou l'autel du sacrifice, pour pénétrer une autre demeure, l'est beaucoup moins, surtout si cette demeure, c'est le corps.

Le duende devient le maître du corps en Espagne, mais pas comme un diable possesseur, partenaire de l'exorciste qui peupla la renaissance espagnole et fit mille grâces à l'Inquisition, non, c'est bien autre chose : le duende dort tapi en sa demeure, il est comme mort, là où siègent les viscères, ivre de sang, intoxiqué d'arômes et d'humeurs, vivant la vie du dedans, comme un déchet. Soudain, quelque chose le touche, quelqu'un qui tente de parler ne peut le faire et, sans rien dire, s'en va chercher les mots du corps, dans un dédale. Au détour de ses tours il touche au duende, mais gare à son éveil, il peut détruire ; si le déchirement n'est pas mortel, il sera le facteur véritable de tout ce qui, d'humain, dans l'agonie d'un désir, fait vérité, et dans un jaillissement fugace, produit cet art différent, hors technique académique, c'est-à-dire bien au-delà de la muse et de l'ange, et qui est en rapport étroit avec les marécages de la mort.

Ce *sujet de l'impossible à dire*, est, le plus souvent, sous le coup d'un *veto*, d'un *embargo* de la conscience, barré au profit des enchaînements, tantôt savants, tantôt gracieux, parfois aveugles, qui illustrent les avatars des savoirs et des arts académiques.

Si la langue espagnole a gardé toute la force de la culture populaire, c'est grâce au duende. Depuis la *mystique* qui, la première, emprunta la langue « maternelle », dans sa tentative de dire quelque chose sur l'impossible-à-dire, jusqu'à la *danse*, ou le *chant*, ou le *sacrifice*, qui signent la géométrie du *flamenco*, précisément, en ces trois termes : chant, danse et tauromachie.

La Loi

Mais pour autant, l'Espagne a bien du mal à intégrer la fonction structurante du *magistère interne de la loi* – que nous nommons dans notre argot « rapport à la castration » –, en cela bien aidée, sans doute, par les dictatures nombreuses et les « caciques », mais principalement par la persistance opiniâtre de ce *duende malin* qui permet au sujet de toucher à une jouissance, *atopique* et, souvent, *apolitique*, qui rend moins oppressante et plus lointaine la contrainte extérieure de la loi et permet de la tourner en dérision[1]. En effet, l'intégration de la loi, l'acceptation libératrice de son magistère interne, conduisent à dire dans une quête de bien dire : c'est donc dans le verbe que le sujet s'épuise – ce verbal-là que nous nommons « le symbolique ». L'Espagne *endolorie* de Lorca, ou celle, *agonique*, d'Unamuno, l'Espagne, en somme, *invertébrée*, sous la peau du taureau, s'adonne avec délectation à une convocation subjective d'un tiers, qui conduit – au-delà du verbal, au-delà du symbolique – à une évasion réelle qui n'est pas ineffable, ou non verbale, ou pré-verbale, mais qui, à être structurée comme un langage, à être prononcée ou

1. En effet, il ne faut pas oublier que le roi de Castille condamna tout d'abord les gitans à l'exil ou aux galères et, sous la pression des commerçants andalous, les ramena en terre d'Espagne pour les réduire en esclavage, dans les mines de mercure, où ils furent quasiment exterminés. Cette loi sans limite, souveraine, loi de *privation* totale, n'a eu d'entame que dans la fuite que permet le *duende* lorsqu'il est convoqué, dans un cri d'agonie, aux sons noirs, et qu'on appelle aujourd'hui *flamenco*.

esquissée par l'entremise du corps, est du verbal à la seconde puissance[1] : un art.

La Perversion

Roland Barthes l'avait pressenti qui, prenant place en Chaire au Collège de France, proclamait son *utopie du langage* : « Qu'une langue, quelle qu'elle soit, n'en réprime pas une autre ; que le sujet à venir connaisse sans remords, sans refoulement, la jouissance d'avoir à sa disposition deux instances de langage, qu'il parle ceci ou cela, selon les perversions, non selon la Loi[2]. » Ce « pressentiment » est, néanmoins, trop empreint de *l'impossible du sujet* à l'œuvre : il se cantonne dans l'analyse de la « narrativité », il prétend écrire une loi de perversion pour demeurer *anomique*, et devient pervers lorsque, sortant de *l'atopie*, il s'inscrit, contre la loi, dans le lieu même d'où elle pourrait se renouveler : le Collège. Du coup, cet héritier de la mystique[3], annonce la fin de la « science même du désir » : « ...la psychanalyse ne peut manquer de mourir un jour, bien que nous lui devions beaucoup, comme nous devons beaucoup à la Théologie : car le désir est plus fort que son interprétation[4]. »

1. Jacques Lacan, *L'insu que sait de l'une bévue s'aile a mourre* (1976-1977), séminaire du 18 janvier 1977, in *Ornicar ?*, n° 15, p. 9. J'avais déjà emprunté cette expression, pour tenter de faire témoignage sur le passage à l'analyste, dans : *La fonction symbolique des pairs dans la formation de l'analyste*, in *Devenir psychanalyste, les formations de l'Inconscient* (collectif), collection L'Espace Analytique, dirigée par Maud Mannoni, Éditions Denoël, Paris, 1996
2. Roland Barthes, *Leçon, Leçon inaugurale de la Chaire de Sémiologie Littéraire du Collège de France* (prononcée le 7 janvier 1977), Éditions du Seuil, Paris, 1978, p. 25.
3. Héritier, sans doute, mais plus à la manière d'un Angelus Silesius que de Jean de la Croix.
4. Roland Barthes, *ibid.* p. 29.

Il est, nous le savons, une autre voie que *l'anomie*, pour ce verbal à la seconde puissance : *l'atopie*. Parce qu'il ne fait pas frontière avec le peuple – comme le fait l'art académique – l'art ou le dit qui sort victorieux de la lutte mortelle avec le duende, n'a pas besoin d'être *perverti*, pour fuir la tyrannie du pouvoir de la langue, il le subvertit, au contraire, par son absence même de lieu, c'est-à-dire, parce qu'il ne se prête pas à l'emprise et encore moins à la maîtrise, et qu'il se libère de la Loi parce qu'il se contente de la lire avec son propre accent et sans devenir son vassal ou sujet. Il est un savoir qui échappe à la raison et qui fournit, pourtant, des certitudes :

« – Et qu'est-ce que cela veut dire : "que le duende paraisse" ?

– Lorsque tu sens que plus rien ne peut être plus important, en cet instant, que d'être là[1]. »

Invoquer / Convoquer

Si le *sujet de la vérité* peut être convoqué, sous certaines conditions, du lieu même de la souffrance, pour transcender celle-ci par le biais de l'art populaire, nous comprendrons que le duende participe, en même temps du *sujet de l'impossible*, réel de la vérité qui demeure insaisissable, et de l'impossible du sujet, en ce qu'il a d'*atopique*, hors toute inscription symbolique, dans ce semblant ferme que nous nommons réalité et dont la littérature fuit la tyrannie.

1. Dans Cristina Santamarina y José-Miguel Marinas, *El cuerpo secreto del flamenco, lo contado y lo cantado*, Fundación andaluza del flamenco (inédit), p. 49.

La littérature existe, certes, mais même lorsqu'elle parvient à éviter le piège de l'académisme, même lorsque, dans sa révolution contre la tyrannie de la rhétorique, elle devient novatrice, elle reste dans le cadre, dans les limites d'une loi, elle demeure dans l'aire du symbolique.

Bien des gens, en Espagne ou ailleurs, fascinés par ce qu'ils reçoivent d'un art pur, dont la sainteté consiste en un dépouillement total, un vide fondateur qui rejette les masques, veulent le singer, le reproduire à l'excès, dans une parodie histrionique, où l'enjeu n'est plus le rejet agonique de la muse et de l'ange – *l'idéal du moi* pour nous –, mais une invocation idolâtre, qui nous plonge dans l'imaginaire et nous donne l'illusion d'être nous-mêmes, du fait que notre image propre devient encore plus floue… Le duende n'est pas ce sentiment romantique, *océanique*, qui brandit l'ineffable pour bénir le non-dit, ou – pour jouer des mots – qui met un *bénédicité* à la place d'un *bien dire.*

Invoquer n'est pas du même ordre que *convoquer* : le premier verbe est sectaire, il masse et confond des fidèles autour d'un reste, reliquat d'un objet perdu à jamais, dont ils font leur relique, et qu'ils adorent pour boucher une perte radicale. L'inspiration – ange et muse confondus – est de cet ordre : elle prosterne le sujet devant l'idole, elle lui fait répéter et forger des dogmes en jargon, sous la lumière blafarde des torches d'ambition qui brûlent du dehors. L'inspiration n'est qu'enluminure et faste des tribunes, muraille, tour, prison d'une *flamme vive*, désormais condamnée à l'extinction.

Convoquer, joindre un autre à l'appel, ouvre la voie à

une géométrie différente : du *torero* à la *bailaora* ou au *cantaor*[1], chaque sujet en proie à sa lutte pour l'expression, fuit la révérence, la soumission à un maître quelconque dont il fut l'apprenti... Si le duende répond à l'appel, alors l'acte se situe hors théorie, hors de ce *possible*, conçu comme potentiel à mettre en acte, puissance imaginaire instituée par la métaphysique, et dont l'acte ne serait que le symbole. Non, entre le maître et l'apprenti le duende est tiers ; l'apprenti connaît le savoir constitué, il respecte l'ancien parce qu'il fait partie de la géographie de son art et que, sans lui, son agir n'a pas de contours, pas de limites – en l'absence de gabarit le dit gribouille – mais il convoque aussi (dans les règles bien sûr, mais au risque même de sa vie et de sa parole) un duende imprévisible dont dépend la qualité de l'acte.

L'ÊTRE ET L'ACTE

Par le chemin broussailleux de la voix, dans la rocaille du désert du geste, une *évasion réelle* se produit, parce que – à oublier qu'il est « Moi », sujet en quête de lauriers – l'artiste se retrouve désassujetti et se libère, à la frontière du dire, avec son dit, de ce fait, unique, inimitable, non soumis à la répétition.

L'acte est là qui me regarde parce que j'ai su me faire désert et lui céder la place.

1. La danse académique ainsi que le chant sont maîtrisés par des *bailarinas* (danseuses) et des *cantantes* (chanteurs) ; le chant et la danse populaires se différencient aussi par les termes qui désignent leurs artistes, dès lors, en français, intraduisibles.

La recherche de l'être conduit au remplissage : il se mirait dans l'onde et se perdit, évanoui dans son propre regard.

Le non-être nous mène à la plus anéantissante des oisivetés, la mort, au sens de l'*otiositas*[1] de Raymond Lulle.

Entre les deux, l'acte, l'acte de parole, est le seul capable de réduire la distance, s'il accepte ce tiers et le fait duègne, ou duende, il interrompt la *foudre interminable*[2].

Le dire

Si l'Espagne baroque a su réunir les mystères romains, juifs et gitans, en un lien tenu avec la mystique d'Al-Andalous, c'est au prix d'un rapport différent au savoir, et qui ne permet pas que *le tourment perde de son acuité en perdant de son vague* ; il n'est surtout pas question *d'apaiser le doute et la douleur par le plaisir de l'intelligence*[3]...

Au contraire, cette création de sens, par l'évasion réelle qui se produit dans le lieu d'une rencontre : l'interprétation, nous est donnée dans le mouvement agonique et jaloux qui nous mène au bord du gouffre dans une lutte sans merci avec ce duende en nous qui vocifère et nous permet d'entendre comment *le cri du cerf blessé résonne dans la colline*[4].

1. L'oisiveté.
2. La *pulsion*. C'est ainsi que je propose de traduire le titre du livre somptueux du poète Miguel Hernandez : *El rayo que no cesa*.
3. Pour citer ce passage inspiré par Marcel Proust, à propos de la jalousie (*Du côté de chez Swann*, Robert Laffont/Quid, collection Bouquins, Paris, 1987, T. I, p. 233.).
4. Cf. *infra*, p. 58, note 1 du *Jeu et théorie du duende*.

Le sujet de l'impossible qu'est le duende a sans doute entravé la psychanalyse en Espagne et l'expérience qu'elle soutient de l'impossible du sujet dans le langage.

La création, l'invention de chemins autres (qui ne bercent pas d'amour les certitudes), le risque pris de dire et à voix haute, à verbe haut qui meurt et se déchire, le *semblant* de vérité qui se dégage dans l'interprétation artistique (avec sa part de vérité entre les lignes, qui comme des bruits ou des gestes, font, de la ronde du sens, spectacle), tout le rapport de la langue espagnole à ce qui reste inarticulé dans l'art : sa tentative de dire sur l'impossible parcourt un chemin parallèle à celui de la psychanalyse et produit des effets de sens qui fournissent quelques pistes lorsque le clinicien, malade de ses propres limites, hagard et las à force d'encourir la castration, abandonne le champ de la parole et réduit l'interprétation à la scansion…

L'Entre-deux dires

Alors s'éveille, en un murmure de chansons anciennes, le poème de la « peine mauvaise » où Manuel Machado – le frère, moins connu qu'Antonio – cueille, du dire populaire, le savoir éternel sur le symptôme :

> *Ma peine est très mauvaise*
> *car c'est une peine dont je ne voudrais*
> *être dépris*[1]…

1. Manuel Machado, « La Pena », in *El mal poema y otros versos*, Biblioteca de la Cultura andaluza, EAU, Sevilla, 1984, p. 121 (traduction personnelle).

Ce mal de vivre, cette peine noire ou mauvaise vient comme les saisons, comme l'eau va à la mer, comme le vent cherche à bruire et joint les bords des feuillages du bois, complices… Il vient et reste dans le cœur, ambigü, avec l'amertume du citron vert. Il se nourrit, ce mal, du sang de mes veines et me donne corps comme les racines du lierre :

Sans que je le sache,
sans savoir par où
cette cordelette s'enroule à mon corps
sans que je le sache.

La peine, compagne éternelle, en Méditerranée, de l'amour, de la faim et de la mort ; ainsi le père emprisonné chante à l'enfant malade et lointain les berceuses de l'oignon, « rosée de tes jours et de mes nuits ». Ou, bien plutôt, avant la guerre et la prison, lorsqu'il était seulement poète, il écrit cette élégie à l'ami mort, compagnon aimé, qui reste la plus belle qu'il m'ait été donné de connaître :

« À Orihuela, son village et le mien,
m'est mort comme par la foudre Ramón Sijé,
avec qui j'aimais tant. »

Je veux être en pleurant le jardinier
de la terre que tu occupes et tu engraisses,
compagnon de mon âme, si précoce.

En nourrissant des pluies, des conques
et des organes ma douleur sans instrument,
aux coquelicots désanimés

Je donnerai ton cœur en pâturage.
Tant de douleur se groupe à mon côté,
que de douleur j'ai mal même à l'haleine.

Un coup de main dur, un coup glacé,
un coup de hache invisible et homicide,
une poussée brutale t'a désolé.

Nulle étendue dépasse ma blessure,
je pleure ma mésaventure et ses ensembles
et je ressens ta mort plus que ma vie.

Je marche sur des éteules de défunts,
et sans feu de personne qui me console
je m'en vais de mon cœur à mes affaires.

Précoce leva la mort son envol,
précoce auba l'aube,
précoce tu roules sur le sol.

Je ne pardonne pas à la mort amoureuse,
je ne pardonne pas à la vie inattentive,
je ne pardonne pas à la terre ni au néant.

De mes mains je soulève une tourmente de pierres,
foudres et haches stridentes,
assoiffée de catastrophes et affamée.

Je veux gratter la terre avec mes dents,
je veux écarter la terre de part en part
à coups de dents secs et chauds.

Je veux miner la terre jusqu'à te trouver
et embrasser ton noble crâne
et te débâillonner et te ramener.

Tu reviendras à mon jardin et à mon figuier :
par les hauts échafaudages des fleurs
oisellera ton âme enruchée
d'angelicales cires et labeurs.

Tu reviendras au bercement des grilles
des laboureurs énamourés.

Tu égayeras l'ombre de mes sourcils
et ton sang, s'en iront de chaque côté
se disputant, ta fiancée et les abeilles.
Ton cœur, déjà velours fané,
convoque à un champ d'amandes écumeuses
ma voix avaricieuse d'amoureux.

Aux âmes ailées des roses
de l'amandier de crème je te requiers
car nous devons parler de beaucoup de choses
compagnon de mon âme, compagnon[1].

La mort a vaincu ; l'ami terrassé nourrira désormais la terre, les fleurs, la foudre interminable, le sifflement béant de l'amour blessé. En même temps une ouverture – la béance même de la blessure – conduit la lutte vers une nouvelle agonie où le duende s'impose, au-delà de la mort, et fait revivre le *mot d'amour* : je veux miner la terre jusqu'à te trouver et embrasser ton noble crâne et te débâillonner et te ramener.

La mort toujours en défi, en défaite annoncée, pari affolant de celui qui joue – non pas sa vie – son devenir sujet, fatalement, dans la convocation du duende.

Il est une géométrie qui gère cette expérience et, curieusement, c'est un torero, presque illettré, avant la lettre en tout cas qui conduisit Lacan au nœud borroméen, qui nous la montre dans son *traité de tauromachie*, lorsqu'il

1. Miguel Hernandez, *El Rayo que no cesa (la foudre interminable)*, Espasa Calpe, Madrid, 1949, p. 75-78. (Traduction personnelle. Il existe une traduction en français : *Cet éclair qui ne cesse pas,* trad. S. et C. Pradal, Brocéliande, Paris, 1989 ; ce poème se trouve, d'ailleurs fort bien traduit, dans l'*Anthologie de la poésie espagnole* que publie la Pléiade).

décrit la mise à mort dans la rencontre de trois ronds au point où ils se touchent :

> *Ce sort [de mise à mort] tient en ce que le Diestro [le Torero] se situe sur la droite et une fois rentré dans le Centre du Taureau, avec la mulette dans la main gauche, plus ou moins ramassée, mais toujours basse, et l'Épée dans l'autre, le corps carré, et avec le bras réservé pour mettre en son temps l'estocade ; il appelle ainsi le taureau et après qu'il soit parti, qu'il arrive à juridiction et s'humilie, en même temps qu'il fait au centre la cassure de mulette il met l'épée au Taureau et parvient dans l'ordre à donner l'estocade dedans et rester en dehors au moment du coup de tête*[1].

Voilà, de manière ramassée, en quoi consiste la convocation du duende. Nullement affaire de technique ; en aucun cas réussite des *faiseurs*, fonctionnaires du dicton et du bien faire, mais, au contraire, risque assumé d'un tiers agissant qui dépossède les acteurs et triomphe de la loi, lorsqu'il invente, avec son dire, une autre géométrie.

En psychanalyse

Il n'y a pas, cela est certain, de *figures* du duende : on l'imagine, certes, mais c'est faux.

L'interprétation est un agir, le dire un acte.

Pourtant, imaginer est notre tâche, commune, spécifique, inévitable : il n'est pas possible de dire, de crier, de s'agiter dans le désordre du geste ou de trembler au bord du défaillir, sans que les mots fléchissent, réfléchissent, nous

1. José Delgado « Pepe Hillo », *Tauromaquia o arte de torear*, publié à Cadix en 1796, réédition fac-simile éditions Turner, Madrid 1988, p. 38-39.

renvoient des images, fassent *semblant* ; autrement il y aurait équivalence exacte entre l'art et la vérité.

En psychanalyse le duende est un style : accordez-vous de respecter cette prémisse car elle se fait rare, de plus en plus.

Le duende enfantin, par ses trouvailles, de Françoise Dolto, qui berçait en son sein une mère éplorée et tissait de ses larmes un fil ténu d'espoir. Ou ce duende têtu de Maud Mannoni, habile et malicieux, radical parfois dans son tranchant et qui sait de la danse et virevolte, capable de laisser tomber, dans un éclat de rire, le tissu solennel des certitudes. Ou celui de Jacques Lacan, mélange de mystiques et de lignes, au génie compliqué et brillant, épris de liberté et si désolé lorsque la déchirure du concept menait, diaphane, au dérisoire...

D'autres psychanalystes, et des moins connus, ont eu à rencontrer, dans l'advenue du sujet, ce duende furieux qui, frémissant, les fit passer du revers à l'envers de leur présent. Ainsi va l'interprétation.

Ce qui dans l'art populaire de l'Espagne livide prend possession du corps sous *l'avatar du duende*, peut nous rappeler le *mythe de la lamelle*[1], si nous acceptons de sortir de la torpeur qui risque, à terme, de nous convertir en fonctionnaires du silence.

En effet, la psychanalyse ne peut se réduire à son histoire ou à sa technique ; elle doit rester proche pour maintenir son art en exercice, de son mythe fondateur et des

1. Jacques Lacan, *Écrits*, Éditions du Seuil, Paris, 1966, p. 845.

sujets qui s'y risquent dans un engagement radical que l'on nomme *la clinique*.

Oui, la psychanalyse, comme l'art, paye sa dîme à la foudre interminable ; elle sait très bien *qu'à chaque fois que, de l'œuf, dans le ventre vivipare, s'en rompent les membranes, un fantôme s'envole, celui d'une forme infiniment plus primaire de la vie.*

Comment l'imaginer, ce duende, ce fantôme, messager de la foudre qui transforme les pulsions inabouties en désirs, en démons, en des mots qui résonnent dans l'espace, bruits de fond de mon être, éclaboussures de vie, inconstantes pourtant.

Il faut l'imaginer, qu'il prenne une figure : *Supposons-le large crêpe à se déplacer comme l'amibe, ultra-plat à passer sous les portes, omniscient d'être mené par le pur instinct de vie, immortel d'être scissipare.*

S'il s'agissait d'exister, de vivre seulement, nous pourrions oublier, refouler, renvoyer dans un compartiment étanche, cet être redoutable, dont le vrai sens dépend.

Mais exister seulement n'est pas une vie[1], il faut en plus *aimer et travailler*[2], autrement, *que m'importe d'être un homme plutôt qu'un gribouillis*[3] *?* Alors ? Engager la lutte avec lui, oui, mais le détruire… *On ferait bien de se garder qu'il ne pullule, puisqu'y faire une entaille serait prêter à sa*

1. Comme le rappelle Arletty dans *Hôtel du Nord* de Marcel Carné (1938).
2. Freud en définissait la *consistance* de l'être normal.
3. Blas de Otero, *Ancia*, Visor, Madrid, 1984, « Ecce Homo », p. 54.

reproduction… Il n'y a jamais eu autant de duende en Espagne qu'alors qu'un dictateur tentait de le détruire.

Faudrait-il alors, plutôt que de lutter avec ce tiers de la parole et faire de la psychanalyse un art dont l'interprétation est l'acte, se rendre à la peur, la frayeur presque, qui nous conduirait à subir l'interdit plutôt que d'encourir la castration, nous contentant, du coup, dans cette peur, d'une réalité du bien qui ne serait que la grimace de notre peur réelle ?

Le Moi profiterait, bien sûr, son existence, à lui tout seul, serait une vie, mais le sujet de l'impossible, rendu muet, entre les lignes, nous empêcherait à jamais de faire création de sens en disant clair et bien l'impossible du sujet.

Entre ces deux bords d'impossible, dans les barrages qui contiennent ces deux sujets, une arche se soutient qui nous offre consistance.

À côté des deux autres – celle de la croyance en l'ange et celle qui, de la muse fait sa science – elle est troisième.

Il convient de partir, et des trois arches, fréquenter celle qui, vide, est le seuil, ouvert à nous depuis toujours, qui nous attend au bord de la patience et d'une main, pas très sûre, nous indique le chemin par où s'enfuit déjà, dans un soupir, le duende impertinent de la psychanalyse.

❧

Federico García Lorca

Jeu et théorie du duende

Traduction de Ignacio Gárate-Martínez
(à partir de la nouvelle édition critique établie par Christopher Maurer)
CONFERENCIAS, T. II
(Alianza editorial, Madrid 1984)

Il existe, de la version de cette conférence parue dans *Obras Completas* (Aguilar, Madrid, 1969), une traduction d'André Bellamich, dans les *Œuvres Complètes* publiées chez Gallimard ainsi que dans la collection de poche « Poésie-Gallimard », et aussi dans celles que publie « La Pléiade ». Une autre traduction de la même version, par Sophie et Carlos Pradal, est parue en 1990 aux éditions Sables, Pin-Balma, Haute-Garonne. Aucune de ces deux traductions ne tient compte de la *nouvelle version critique* de cette conférence, établie par Christopher Maurer à partir de l'ensemble des manuscrits disponibles. C'est la version que nous traduisons pour la première fois en français. Notre appareil critique reprend, en l'adaptant, une partie de celui de Christopher Maurer que nous complétons.

Mesdames et Messieurs :

DEPUIS L'ANNÉE 1918, où je suis entré à la Résidence des étudiants de Madrid, jusqu'à 1928 où je l'ai quittée, une fois terminées mes études de philosophie et lettres modernes, j'ai entendu dans ce salon raffiné, où venait, pour corriger sa frivolité de plage française, la vieille aristocratie espagnole, près de mille conférences.

Avec envie d'air et de soleil, je m'y suis tant ennuyé, qu'en sortant je me suis senti couvert d'une cendre légère, sur le point, presque, de devenir de la poudre d'irritation[1].

Non. Je ne voudrais pas qu'entre dans la salle ce terrible bourdon de l'ennui qui enfile toutes les têtes avec le

1. Curieusement, autant A. Bellamich que S. et C. Pradal, traduisent la « pimienta de irritación » lorquienne par de la *poudre à gratter* pour le premier, du *poil à gratter* les deuxièmes. La *pimienta*, pourrait irriter la pituitaire, s'il s'agissait de *poudre à priser*, en aucun cas il ne me semble possible d'attribuer à Lorca l'aspect superficiel et vulgaire des « polvos pica-pica ».

fil ténu du sommeil et met dans les yeux des auditeurs des groupes minuscules de pointes d'épingle.

De manière simple et dans ce registre qui, dans ma voix poétique, n'a pas des lumières de bois, ni des recoins de ciguë, ni des brebis qui, d'un coup, deviennent des couteaux d'ironie, je vais voir si j'arrive à vous faire une leçon simple sur l'esprit occulte de l'Espagne endolorie.

Celui qui se trouve sur *la peau de taureau*[1] qui s'étend entre les Júcar, Guadalfeo, Sil ou Pisuerga (je ne veux pas citer les cours près des ondes à la couleur de crinière de lion qu'agite le Plata), entend dire assez fréquemment : « Ceci a beaucoup de duende ». Manuel Torres, grand artiste du peuple andalou, disait à quelqu'un qui chantait : « Tu as de la voix, tu connais les styles, mais tu ne triompheras jamais car tu n'as pas de duende ».

Dans toute l'Andalousie, rocher de Jaén ou conque de Cadix, les gens parlent constamment du duende et le détectent, dès qu'il jaillit, avec un instinct efficace.

Le merveilleux chanteur *El Lebrijano*, créateur de la *Debla* disait : « Les jours où je chante avec du duende, il n'y a personne qui puisse m'égaler. » La vieille danseuse gitane *La Malena* s'exclama un jour en entendant Brailowsky jouer un fragment de Bach : « Olé ! Ça a du duende ! » et elle s'ennuya avec Gluck et avec Brahms et avec Darius Milhaud. Et Manuel Torres, l'homme avec le sang le plus cultivé que j'ai jamais connu, dit, en écoutant Falla lui-même dans son *Nocturne du Généralife*, cette phrase splendide :

1. Se dit pour l'Espagne comme *l'hexagone* pour la France.

« Tout ce qui a des sons noirs a du duende. » Et il n'est pas de vérité plus grande.

Ces sons noirs sont le mystère, les racines qui se plantent dans le limon que nous connaissons tous, que nous ignorons tous, mais d'où nous parvient ce qui est substantiel dans l'art. Des sons noirs a dit l'homme populaire d'Espagne, et il coïncida avec Goethe, qui définit le duende en parlant de Paganini, lorsqu'il dit : « Pouvoir mystérieux que tous ressentent et qu'aucun philosophe n'explique[1]. »

Ainsi donc le duende est un pouvoir et non un agir, c'est lutter plutôt que penser. J'ai entendu dire à un vieux maître guitariste : « Le duende n'est pas dans la gorge, le duende monte du dedans, depuis les plantes des pieds. » C'est-à-dire, ce n'est pas une affaire de faculté, mais de véritable style vivant ; c'est-à-dire, de sang ; de culture vieillissime, et, en même temps, de création en acte.

Ce « pouvoir mystérieux que tous ressentent et qu'aucun philosophe n'explique » est, en somme, l'esprit de la Terre, le même duende qui embrasa le cœur de Nietzsche, qui le cherchait dans ses formes extérieures sur le pont du Rialto ou dans la musique de Bizet, sans le trouver et sans savoir que le duende qu'il poursuivait avait sauté depuis les mystères grecs jusqu'aux danseuses de Cadix ou sur le cri dionysiaque et égorgé de la *siguiriya* de Silverio.

Ainsi donc, je ne veux pas que quiconque confonde le duende avec le démon théologique du doute, sur lequel Luther, pris d'un sentiment bacchique, lança un flacon

1. Selon Ch. Maurer, la définition n'est pas de Goethe mais de J.-P. Eckerman.

d'encre à Nuremberg[1], ni avec le diable catholique, destructeur et peu intelligent, qui se déguise en chienne pour entrer dans les couvents, ni avec le singe parlant porté par le *Malgesí* de Cervantes dans la *Comédie de la jalousie* et les *Forêts d'Ardenne*.

Non. Le duende dont je parle, obscur et frémissant, est le descendant de ce très joyeux démon de Socrate, marbre et sel qui le griffa indigné le jour où il prit la ciguë, et de cet autre diablotin mélancolique de Descartes, petit comme une amande verte, qui rassasié de cercles et de droites, allait sur les canaux pour entendre chanter les grands marins flous.

Tout homme, tout artiste, qu'il s'appelle Nietzsche ou Cézanne, quelque degré qu'il gravisse dans la tour de sa perfection, c'est au prix de la lutte qu'il soutient avec son duende, pas avec son ange, comme on l'a dit, ni avec sa muse. Il nous faut faire cette distinction fondamentale pour la racine de l'œuvre.

L'ange guide et fait des cadeaux comme saint-Raphaël, il garde et protège comme saint-Michel, il annonce et prévient comme saint-Gabriel. L'ange éblouit, mais il vole au dessus de la tête de l'homme, il est plus haut, il répand sa grâce, et l'homme sans le moindre effort réalise son œuvre, ou sa sympathie, ou sa danse. C'est l'ange du chemin de Damas et celui qui se glisse dans la fente du petit balcon d'Assise, ou celui qui suit les pas d'Enrique Susón[2], ils ordonnent, il est impossible de s'opposer à leurs lumières,

1. Lorca, nous dit Christopher Maurer, se trompe, ce ne fut pas à *Nuremberg*, mais dans le château de *Wartburg*, à Eisenach.

2. Heinrich Suso ou Seuse (1300-1366). Disciple d'Eckhart, il a chanté l'abandon et l'absence dans un langage apparenté à celui des poètes courtois de son pays.

car ils agitent leurs ailes d'acier dans l'atmosphère du prédestiné.

La muse dicte et souffle à l'occasion. Elle peut relativement peu, car elle est déjà loin et si lasse (moi je l'ai vue deux fois), qu'il a fallu lui mettre un demi-cœur de marbre. Les poètes à muse entendent des voix sans bien savoir d'où elles viennent, mais qui appartiennent à la muse qui les soutient et qui, parfois, s'en fait un goûter, comme ce fut le cas d'Apollinaire, grand poète détruit par l'horrible muse avec laquelle l'a peint le divin angélique Rousseau[1]. La muse éveille l'intelligence, elle amène des paysages de colonnes et un faux goût de laurier, et l'intelligence est bien souvent l'ennemie de la poésie, car elle limite trop, parce qu'elle élève le poète sur un trône d'arêtes vives et lui fait oublier que, soudain, il peut être mangé par les fourmis, ou se prendre sur la tête une grande langouste[2] d'arsenic, contre laquelle ne peuvent rien les muses qui habitent les monocles ou dans la rose de laque tiède du boudoir.

L'ange et la muse viennent du dehors ; l'ange donne des lumières et la muse des formes. (Hésiode apprit d'elle[3].) Pain d'or ou repli de tunique, le poète reçoit des normes dans son bosquet de lauriers. Par contre, le duende il faut l'éveiller dans les dernières demeures du sang. Et rejeter l'ange, et renvoyer la muse d'un coup de pied, et ne plus redouter le

1. Le Douanier Henri Rousseau (1844-1910).
2. Bellamich traduit « langosta » par *sauterelle*, car, en espagnol, le même terme désigne les deux animaux ; nous penchons plutôt, comme Sophie et Carlos Pradal, pour une traduction maritime, appuyés en cela par Lorca qui dans une lettre à S. Dalí dit : « La folie de Lydia est une folie humide, suave, pleine de *mouettes* et de *langoustes*... »
3. Cf. les premiers vers de la *Théogonie*, éd., trad. et introd., P. Mazon, Paris, 1928, rééd. Les Belles Lettres, Paris, 1992.

sourire de violettes qu'exhale la poésie du XVIIIe siècle ni le grand télescope dans les verres duquel s'endort la muse, malade de limites.

La lutte véritable se livre avec le duende.

Les chemins pour chercher Dieu sont connus. De la manière barbare de l'ermite au mode subtil du mystique. Avec une tour, comme sainte-Thérèse ou avec trois chemins comme saint-Jean de la Croix. Et même si nous devons clamer avec la voix d'Isaïe : « En vérité tu es un Dieu qui se cache[1] », en fin de compte Dieu envoie à celui qui le cherche ses premières épines de feu.

Pour rechercher le duende il n'y a pas de carte, pas d'exercice. On sait seulement qu'il brûle le sang comme un tropique de verres, qu'il épuise, qu'il rejette toute la douce géométrie apprise, qu'il brise les styles, qu'il s'appuie sur la douleur humaine inconsolable, qu'il fait que Goya, maître des gris, des tons argent et des roses de la meilleure peinture anglaise, peigne avec les genoux et les poings avec des noirs horribles de bitume ; ou alors il dénude Mossèn Cinto Verdaguer[2] en plein froid des Pyrénées, ou conduit Jorge Manrique à attendre la mort dans le désert d'Ocaña, ou couvre d'un costume vert de saltimbanque le corps délicat de Rimbaud, ou donne des yeux de poisson mort au Comte de Lautréamont dans l'aube du boulevard.

Les grands artistes du sud de l'Espagne, gitans ou *flamencos*, qu'ils chantent, qu'ils dansent ou qu'ils jouent [de la guitare], savent qu'aucune émotion n'est possible sans

1. Isaïe, 45-15
2. Jacinto Verdaguer, prêtre et poète catalan (1845-1902), auteur de *L'Atlantide*.

l'advenue du duende. Eux, ils trompent le monde et peuvent donner un semblant de duende sans qu'il y soit, comme vous trompent tous les jours des auteurs ou des peintres ou des faiseurs littéraires sans duende ; mais il suffit de regarder d'un peu plus près, il suffit de ne pas se laisser porter par l'indifférence, pour dévoiler le piège et les faire fuir avec leur artifice grossier.

Une fois, la *cantaora* [1] andalouse Pastora Pavón, *La Niña de los peines* [2], sombre génie hispanique, équivalent en capacité de fantaisie, d'un Goya ou d'un Rafael el Gallo [3], chantait dans une petite taverne de Cadix. Elle jouait de sa voix d'ombre, avec sa voix d'étain fondu, avec sa voix couverte de mousse ; et elle l'enroulait dans sa chevelure comme elle la mouillait dans la *manzanilla* ou alors l'égarait dans des broussailles obscures et très lointaines. Mais rien à faire ; c'était inutile. Les auditeurs demeuraient silencieux.

Il y avait là Ignacio Espeleta, beau comme une tortue romaine, à qui l'on demanda un jour : « Comment se fait-il que tu ne travailles pas ? » ; et lui, avec un sourire digne d'Arganthonios [4] répondit : « Comment veux-tu que je travaille alors que je suis de Cadix ? »

Il y avait là Elvire *la Chaude*, putain aristocrate de Séville, descendante directe de Soledad Vargas, qui dans les années trente n'a pas voulu épouser un Rothschild, parce qu'il ne l'égalait pas en sang. Il y avait là les Floridas, dont

1. Terme propre aux chanteurs de flamenco (*cantaor*, *cantaora*).
2. L'enfant aux peignes.
3. Rafael Gómez Ortega, dit *el Gallo* (le Coq), *torero* contemporain de Lorca.
4. Roi des tartessiens de Gadès (ancien nom de Cadix), allié des grecs et ennemi des phéniciens (vers 630).

les gens pensent qu'ils sont bouchers, mais qui sont en réalité des prêtres millénaires qui continuent de sacrifier des taureaux à Géryon[1], et dans un angle, l'imposant éleveur Don Pablo Murube, avec un air de masque crétois. Pastora Pavón termina de chanter au milieu du silence. Tout seul et sarcastique, un tout petit homme, un de ces minuscules hommes danseurs qui jaillissent soudain des bouteilles d'eau-de-vie, dit à voix très basse : « Vive Paris ! », comme pour dire : « Peu comptent ici les facultés, ni la technique ni la maîtrise. C'est autre chose qui compte. »

Alors *La Niña de los Peines* se leva comme une folle, cassée comme une pleureuse moyenâgeuse et but d'un trait un grand verre de *cazalla*[2] comme du feu, et elle s'est assise pour chanter, sans voix, sans souffle, sans nuances, la gorge embrasée, mais… avec duende. Elle était parvenue à tuer tout l'échafaudage de la chanson, pour livrer le passage à un duende furieux et assujettissant, ami des vents chargés de sable, qui faisait que les auditeurs déchiraient leurs vêtements, presque avec le même rythme qu'ont pour le faire les noirs antillais du rite lucumi[3] massés devant l'image de sainte-Barbe.

La *Niña de los Peines* a dû déchirer sa voix parce qu'elle savait être écoutée par des gens exquis qui ne demandaient pas des formes mais de la moelle de formes, musique pure avec un corps succinct pour pouvoir se maintenir dans l'air.

1. Le géant tricéphale propriétaire d'un troupeau de bœufs.
2. Eau-de-vie qui porte le nom du village où l'on la fabrique, Cazalla de la sierra.
3. L'un des quatre cultes afro-cubains : *lucumi* ou anago, mayombe, abakua ou nañigo et vaudou haïtien ou arara. Dans le rite Lucumi, qui fait partie de la *Santería* cubaine, le dieu africain de la guerre, Shango ou Xango, est identifié à sainte-Barbe.

Elle a dû appauvrir ses facultés et son assurance ; c'est-à-dire qu'elle a dû éloigner sa muse et rester désemparée, pour que son duende vienne et daigne lutter à se casser les bras. Et comme elle chanta ! Sa voix ne jouait plus, sa voix était un flot de sang, digne, par sa douleur et sa sincérité, de s'ouvrir comme une main à dix doigts le long des pieds cloués, mais pleins de bourrasque, d'un Christ de Juan de Juni[1].

La venue[2] du duende présuppose toujours un changement radical de toutes les formes. Sur les vieux plans, elle produit toujours des sensations de fraîcheur totalement inédites, avec cette qualité de chose qui vient d'être créée, de miracle, qui arrive à produire un enthousiasme presque religieux.

Dans toute la musique arabe, danse, chanson ou élégie, la venue du duende est saluée par d'énergiques « Allah, Allah ! », « Dieu, Dieu ! », si proches du « Olé ! » des [combats de] taureaux que l'on ne peut pas savoir s'il ne s'agit pas de la même chose, et dans tous les chants du sud de l'Espagne l'apparition du duende est suivie de cris sincères d'un « Vive Dieu ! », profond, humain, tendre cri, d'une communication avec Dieu à travers les cinq sens, grâce au duende qui agite la voix et le corps de la danseuse ; évasion réelle et poétique hors de ce monde, aussi pure que celle à laquelle parvient le très étrange poète du XVIIe siècle, Pedro Soto de Rojas, à travers les sept jardins[3], ou celle

1. Juan de Juni, (1506 env.-1571) ; maître, avec Alonso Berruguete, de l'école de sculpture polychrome de Valladolid.

2. Il s'agit ici d'une arrivée (llegada) qui fait *événement* et mériterait que l'on traduisit par l'*advenue*.

3. Il s'agit de l'auteur de *Paradis fermé pour beaucoup, jardins ouverts pour très peu*, poète *culterano*, contemporain de Góngora.

d'un Juan Calímaco[1] le long d'une tremblante échelle de pleurs.

Il est évident que lorsque cette évasion s'effectue, ses effets sont éprouvés par tous ; l'initié qui perçoit comment le style triomphe d'une matière pauvre, et l'ignorant dans le *je ne sais quoi* [2] d'une émotion authentique. Voici des années, dans un concours de danse de Jerez de la Frontera, le prix fut emporté par une vieille de quatre-vingts ans contre de belles femmes et des garçons à la taille liquide, du seul fait de lever les bras, dresser la tête et frapper un seul coup de son pied sur l'estrade ; mais dans la réunion de muses et d'anges qu'il y avait là, beauté de forme et beauté de sourire, la victoire devait être pour ce duende moribond, qui traînait par terre ses ailes aux couteaux[3] rouillés, et elle le fut.

Tous les arts sont capables de duende, mais, comme il est normal, c'est dans la musique, dans la danse et dans la poésie parlée qu'il trouve son horizon le plus ouvert, car ces dernières ont besoin d'un corps vivant qui interprète, parce que ce sont des formes qui naissent et meurent de manière perpétuelle et haussent leurs contours sur un présent exact. Bien souvent, le duende du musicien passe au duende de

1. Il s'agit d'un lapsus de Lorca bien curieux ; il fait référence à SAINT JEAN CLIMAQUE (580 env.-env. 650), qui fut moine pendant cinquante ans au mont Sinaï, et l'auteur de *L'Échelle* (en grec *klimax*) *du paradis*, qui lui donnera son surnom. Dans l'échelle, il s'agit de pénétrer l'inconscient et de circonscrire l'incorporel dans le corporel pour métamorphoser l'*éros*. Le Calímaco avec lequel il le confond, Callimaque en français, fit évoluer, 900 ans avant, l'hexamètre dactylique, et écrivit de nombreuses élégies et épigrammes.

2. Le *je ne sais quoi* dont il est ici question, n'a rien à voir avec le *sentiment océanique*, il s'enracine dans la parole, c'est le *Neizwas* de Maître Eckhart, si proche du « No sé qué » de Jean de la Croix, raillé par Feijóo, et dont la version moderne pourrait être l'*Unbewußte* freudien.

3. Les six *rémiges* de l'aile du faucon se nomment, en castillan, couteaux.

l'interprète, et d'autres fois, lorsque le musicien ou le poète ne le sont pas, le duende de l'interprète, et cela est bien intéressant, crée une nouvelle merveille qui n'a que l'apparence, et rien d'autre, de la forme primitive. Tel était le cas d'Eleonora Duse[1], possédée du duende, qui recherchait des œuvres ratées pour les faire triompher grâce à ce qu'elle y mettait d'invention, ou le cas de Paganini, dont Goethe expliquait, comment il faisait entendre des mélodies profondes à partir de véritables vulgarités, ou encore celui d'une délicieuse jeune fille de Puerto de Santa María que j'ai vue chanter et danser l'affreuse rengaine italienne « ¡O Marí ! » avec des rythmes, des silences, et tant d'arrière-pensées, qu'ils faisaient de la pacotille italienne un dur serpent d'or levé. Et c'est que, en effet, ils trouvaient quelque chose de nouveau qui n'avait rien à voir avec ce qui précédait, et qui animait des corps vides d'expression avec du sang vivant et de la science.

Tous les arts et encore tous les pays, sont capables de duende, d'ange, et de muse, et alors que l'Allemagne a, sauf quelques exceptions, de la muse, et l'Italie a toujours de l'ange, l'Espagne est, de tous temps, mue par le duende. En tant que pays de musique et de danses millénaires où le duende presse des citrons à l'aube, et en tant que pays de mort. En tant que pays ouvert à la mort.

Dans tous les pays la mort est une fin. Elle arrive et l'on tire les rideaux. Pas en Espagne. En Espagne on les

1. Actrice célèbre du début du siècle, mise en scène par Craig, et dont Gabriele D'Annunzio fut le protégé.

lève. Beaucoup de gens y vivent emmurés jusqu'au jour où ils meurent et on les sort au soleil. Un mort en Espagne est plus vivant en tant que mort que nulle part ailleurs de par le monde : son profil blesse comme le fil d'un rasoir. Les farces sur la mort ou sur sa contemplation silencieuse sont habituelles aux espagnols. Du *Songe des crânes* de Quevedo à *L'évêque pourri* de Valdés Leal[1], et depuis la Marbella du XVIIe siècle, morte en couches au milieu du chemin et qui dit :

C'est le sang de mes entrailles
qui couvre tout le cheval ;
les pattes de ton cheval
lancent du feu de goudron.

jusqu'au garçon de Salamanque, plus récent, tué par le taureau et qui crie :

Mes amis je vais mourir
mes amis je suis très mal
les trois mouchoirs que j'ai dedans
et celui que j'y mets font quatre.

il existe tout un balcon de fleurs de salpêtre où se montre un peuple de contemplateurs de la mort ; avec un verset de Jérémie du côté le plus rugueux, ou la fragrance du cyprès du côté le plus lyrique, mais un pays où le plus important prend au bout une ultime valeur métallique de mort.

La chasuble et la roue du chariot et le couteau et les barbes piquantes des bergers et la lune pelée et la mouche et les vaisseliers humides et les décombres des chantiers

1. Juan de Valdés Leal (1622-1690), peintre espagnol, virtuose de la couleur, spécialiste des scènes macabres.

et les saints couverts de dentelles et la chaux et la ligne blessante des auvents et des miradors, ont en Espagne des herbes minuscules de mort, des allusions et des voix perceptibles pour un esprit en éveil, qui nous emplissent la mémoire du son hiératique de notre propre passage. Ce n'est pas un hasard tout cet art espagnol relié à notre terre, pleine de chardons et de pierres définitives ; la lamentation de Pleberio[1] ou les danses du maître Josef María de Valdivielso[2] ne sont pas un exemple isolé, de même ce n'est pas un hasard si dans toute la ballade européenne se détache cette espagnole bien aimée :

Si tu es ma belle amie,
pourquoi ne me regardes-tu pas, dis ?
Les yeux pour te regarder
à l'ombre les ai offerts.
Si tu es ma belle amie,
pourquoi ne me baises-tu pas, dis ?
Les lèvres pour te baiser
à la terre les ai donnés.
Si tu es ma belle amie,
pourquoi ne m'embrasses-tu pas, dis ?
Les bras pour t'embrasser
de vermine les ai couverts[3].

Il n'est pas étonnant non plus, qu'à l'aube de notre poésie lyrique résonne cette chanson :

1. Pleberio est le père de Melibea dans la *Célestine* (1499), à la mort de celle-ci, sa lamentation maudissant l'amour sert d'épilogue à la *Comedia de Calisto y Melibea*.
2. Maître Joseph de Valdivielso est un auteur d'Autos Sacramentels de l'époque de Lope de Véga ; dans *L'Hôpital de la faute* (1622) – librement inspiré de *L'Hôpital des fous* de Lope –, les vices déchaînent leurs chants et leurs danses et Luzbel conduit le bal.
3. Il s'agit d'un fragment du *romance del Palmero* recueilli dans le Cancionero de Londres à la fin du XVe siècle.

Dedans le verger
Je mourrai.
Dedans le rosier
On doit me tuer.
Je m'en allais, ma mère,
Les roses couper,
La mort je trouvai
Dedans le rosier.
Dedans le verger
Je mourrai.
Dedans le rosier
On doit me tuer[1].

Les têtes glacées par la lune que Zurbarán a peintes, le jaune saindoux avec le jaune éclair du Greco, le récit du Père Sigüenza[2], l'œuvre intégrale de Goya, l'abside de l'église de l'Escorial, toute la sculpture polychrome, la crypte de la maison ducale d'Osuna, la mort à la guitare de la chapelle des Benavente à Medina de Rioseco, équivalent, dans la culture académique, au pèlerinage de San Andrés de Teixido, où les morts ont leur place dans la procession[3], aux chants de défunts que chantent les femmes des Asturies à la flamme des lanternes dans la nuit de novembre, au chant et danse de la Sibylle dans les cathédrales de Majorque et de Tolède, et aussi à l'obscur « in record » de Tortosa[4], et

1. Ch. Maurer nous indique qu'il s'agit du numéro 237 du *Cancionero Musical de Palacio* avec des variantes.
2. José de Sigüenza (v. 1544-1606), fit l'éloge de l'architecture de J. de Herrera et du Monastère de l'Escorial, ainsi que de la mort de Philippe II.
3. Ch. Maurer nous dit qu'il s'agit d'une ermite près de La Corogne ; durant le pèlerinage on ne tue pas de reptile car on croit que les âmes des morts participent sous cette forme au pèlerinage.
4. Proclamation chantée durant la procession de la nuit du dimanche des Rameaux dans le village catalan de Tortosa : « In record de la mort i passió de Nostre Senyor Jesucrist [En souvenir de la mort et de la passion de Notre-Seigneur Jésus-Christ]. »

aux innombrables rites du Vendredi Saint, qui avec la très savante fête des taureaux, forment le triomphe populaire de la mort espagnole. Dans le monde, il n'y a que le Mexique qui puisse aller de pair avec mon pays.

Lorsque la muse voit arriver la mort, elle ferme la porte, ou elle dresse un socle, ou elle promène une urne, et elle écrit une épitaphe d'une main de cire, mais très vite elle recommence à arroser son laurier, dans un silence qui oscille entre deux brises. Sous l'arc tronqué de l'Ode, elle assemble dans un style funèbre les fleurs exactes que peignirent les italiens du XVe siècle et fait appel à l'assurance du coq de Lucrèce pour chasser les ombres imprévues[1].

Lorsqu'il voit arriver la mort, l'ange vole en cercles lents et tisse avec des larmes de glace et des narcisses l'élégie que nous avons vue trembler entre les mains de Keats[2] et celles de Villasandino[3], et entre les mains de Herrera, et celles de Bécquer, et dans celles de Juan Ramón Jiménez. Mais quelle terreur que celle de l'ange s'il ressent une araignée, aussi minuscule soit elle, sur son tendre pied rosé !

Par contre, le duende n'advient pas s'il ne perçoit pas la possibilité de la mort, s'il ne sait pas qu'il devra faire la ronde dans sa maison, s'il n'a pas la certitude qu'il faudra qu'il berce ces branches que nous portons tous, et qui ne connaissent pas, qui ne connaîtront pas de consolation.

1. Lucrèce (98 env.-55 av. J.-C.), *De rerum natura*, organise la science, la philosophie et la poésie de l'époque dans une tentative de dissoudre le mystère et les superstitions.
2. John Keats (1795-1821) ; Lorca fait sans doute référence à *Adonnais*, l'élégie que Shelley dédia à Keats au moment de sa mort et dont on dit que c'est la plus grandiose consacrée par un poète à un autre poète.
3. Alfonso Álvarez de Villasandino, poète *flatteur* et satyrique qui figure dans le Cancionero de Baena (Juan Alfonso de Baena, 1445).

Avec de l'idée, du son ou du geste, le duende se plaît dans les bords du puits en lutte franche avec le créateur. L'ange et la muse s'échappent, avec un violon ou un compas, et le duende blesse, et c'est dans la guérison de cette blessure, qui ne se referme jamais, que se trouve ce qu'il y a d'insolite, d'inventé dans l'œuvre d'un homme.

La vertu magique du poème consiste à être toujours possédé du duende pour baptiser d'eau sombre tous ceux qui le regardent, parce qu'il est plus aisé d'aimer avec du duende, de comprendre, et l'on est *certain* d'être aimé, d'être compris, et cette lutte pour l'expression et pour la communication de l'expression acquiert parfois des caractères mortels en poésie.

Rappelez-vous le cas de sainte-Thérèse, tellement flamenca et pleine de duende, qui n'était pas flamenca pour avoir attaché un taureau furieux et lui avoir donné trois passes magnifiques, comme elle l'a fait, ni pour s'être vantée de sa beauté devant frère Jean de la Misère, ni pour avoir giflé le Nonce de sa Sainteté, mais parce qu'elle était l'une des rares créatures que le duende transperce d'un dard (pas son ange, puisque l'ange n'attaque jamais), voulant la tuer parce qu'elle lui avait ravi son secret ultime, le pont subtil qui unit les cinq sens avec ce centre de chair à vif, de mer vive, de l'Amour libéré du Temps.

Vaillantissime triomphatrice du duende, et cas contraire de Philippe d'Autriche, qui brûlant de chercher la muse et l'ange dans la théologie et dans l'astronomie, se trouva emprisonné par le duende des ardeurs froides dans cette œuvre de l'Escorial, où la géométrie touche au rêve et où le duende revêt le masque de la muse pour l'éternel châtiment du grand Roi.

Nous avons dit que le duende aime le bord de la blessure et s'approche des lieux où les formes se fondent dans un désir qui brûle au-dessus de leurs aspirations visibles.

En Espagne (comme chez les peuples d'Orient où la danse est une expression religieuse), le duende possède un champ sans limite sur les corps des danseuses de Cadix, dont Martial[1] fit l'éloge, sur les poitrines de ceux qui chantent, dont Juvénal[2] fit l'éloge, et sur toute la liturgie des [combats de] taureaux, authentique drame religieux, où, de même qu'à la messe, on adore et on sacrifie un dieu.

On dirait que tout le duende du monde classique vient se presser dans cette fête parfaite, représentant par excellence de la culture et de la grande sensibilité d'un peuple qui découvre en l'homme ses meilleures rages, ses meilleures amertumes, et ses meilleures plaintes. Personne ne s'amuse dans la danse espagnole, ni aux [combats de] taureaux ; le duende se charge de faire souffrir en versant du drame sur des formes vives et il prépare les échelles pour s'évader de la circonférence de la réalité.

Le duende opère sur le corps de la danseuse comme le vent sur le sable. Il transforme, avec un pouvoir magique, une belle jeune fille en paralytique absente en lune, ou alors il embarrasse de rougeurs adolescentes un vieux cassé qui quête l'aumône dans les boutiques à vin ; une chevelure[3]

1. Poète de Cadix, auteur d'épigrammes.

2. Poète contemporain de Martial et auteur de satires.

3. Ch. Maurer nous renvoie à « La Chevelure » de Charles Baudelaire, vers 16 *sq*.

lui suffit à ramener l'odeur du port la nuit, et, à tout moment, il opère sur les bras des expressions qui sont la matrice de la danse de tous les temps.

Mais il est impossible de ne jamais se répéter. Et il est très important de souligner ceci. Le duende ne répète pas, de même que l'on ne peut pas répéter les formes que prend la mer dans la bourrasque.

C'est dans les [combats de] taureaux qu'il acquiert ses accents les plus impressionnants parce qu'il doit lutter, d'un côté, avec la mort, qui peut le détruire, et, d'un autre, avec la géométrie, avec la mesure, base fondamentale de la fête.

Le taureau a son orbite, le torero la sienne, et entre orbite et orbite il existe un point de danger où se trouve le sommet du terrible jeu.

On peut avoir de la muse avec la *muleta* et de l'ange avec les banderilles et donner un semblant de bon torero, mais dans le travail de la cape, avec le taureau encore vierge de blessures, et au moment de la mise à mort, il faut du duende pour trouver le centre de la vérité artistique.

Le torero qui effraie le public dans l'arène par sa témérité ne torée pas, il est au contraire sur ce plan ridicule, à la portée de tout homme, de *jouer sa vie* ; alors que le torero mordu par le duende donne une leçon de musique pythagoricienne, et fait oublier qu'il lance constamment son cœur sur les cornes.

Lagartijo avec son duende romain, Joselito avec son duende juif, Belmonte avec son duende baroque, et

Cagancho avec son duende gitan, enseignent dans le crépuscule de l'anneau [1], aux poètes aux peintres et aux musiciens, quatre grands chemins de la tradition espagnole.

L'Espagne est le seul pays où la mort est le spectacle national, où la mort joue des longs clairons à l'arrivée de chaque printemps, et son art est toujours gouverné par un duende aigu qui lui confère sa différence et la qualité de son invention.

Le duende qui emplit de sang, pour la première fois dans la sculpture, les joues des saints du maître Mathieu de Compostelle, est le même qui fait gémir saint-Jean de la Croix ou qui brûle des nymphes nues le long des sonnets religieux de Lope.

Le duende qui dresse la tour de Sahagún ou qui travaille les briques chaudes à Calatayud ou Teruel [2] est le même qui déchire les nuages du Greco et met en l'air à coups de pied les alguazils de Quevedo et les chimères de Goya.

Lorsqu'il pleut, il fait paraître Vélasquez, secrètement possédé du duende, derrière ses gris monarchiques ; lorsqu'il neige, il met dehors tout nu Herrera pour démontrer que le froid ne tue pas ; lorsqu'il brûle, il plonge Berruguete dans ses flammes et lui fait inventer un espace nouveau pour la sculpture.

La muse de Góngora et l'ange de Garcilaso doivent lâcher leur guirlande de laurier au passage du duende de saint-Jean de la Croix, lorsque

1. Il s'agit de l'arène qui vue d'en haut, à la lumière crépusculaire qui coïncide avec la mise à mort, dégage sa forme torique ou d'anneau.
2. Il s'agit des grands centres de l'architecture *mudéjar* comme nous le signale Ch. Maurer.

Le cerf blessé
paraît sur la colline[1].

La muse de Gonzalo de Berceo[2] et l'ange de l'archiprêtre de Hita[3] doivent s'écarter pour livrer le passage à Jorge Manrique lorsqu'il arrive, blessé à mort, aux portes du château de Belmonte. La muse de Gregorio Hernández[4] et l'ange de José de Mora[5] doivent s'éloigner pour laisser traverser le duende qui pleure des larmes de sang de Mena[6], et le duende à tête de taureau assyrien de Martínez Montañés[7] ; de même que la muse mélancolique de Catalogne et l'ange mouillé de Galice doivent regarder avec un amoureux étonnement le duende de Castille qui passe avec ses normes de ciel balayé et de terre sèche, tellement étranger au pain chaud et à la vache si douce.

Le duende de Quevedo et le duende de Cervantes, l'un avec des vertes anémones de phosphore et l'autre avec des fleurs de gypse de Ruidera, couronnent le retable du duende d'Espagne.

1. Parce que le duende est insoumis à la *répétition* et encore moins aux *traductions estampillées* à la manière de Voltaire, ces deux vers sont impossibles à traduire. Le *cerf* n'est pas autant *blessé* que « vulnéré » (vulnerado) et s'il *paraît* (asoma) c'est juste à l'oreille de celui qui écoute dans la *colline* (otero, de oto, *oreille*) ; alors, si j'osais, je traduirais ainsi : *le cri du cerf blessé/résonne dans la colline.* Il s'agit bien sûr de deux vers du *Cántico Espiritual.* (1998 : l'étymologie de otero est fausse [otero/hauteur])
2. Poète espagnol du *Mester de clerecía.*
3. Juan Ruíz, auteur du *Libro del Buen Amor.*
4. Le dernier des grands sculpteurs de l'école de Valladolid.
5. José de Mora, sculpteur (1638-1725), disciple d'Alonso Cano et auteur de la *Conception* qui figure dans l'église de San Isidro el Real de Madrid.
6. Alonso de Mena (1587-1646), sculpteur probe et modeste, dont l'œuvre la plus connue, en cèdre non polychrome est le *Cristo del Desamparo* qui se trouve à l'église San José de Madrid.
7. Juan Martínez Montañés (1568-1649), maître incontesté de l'école sévillane de sculpture baroque.

Chaque art possède, comme il est normal, un duende de forme et de genre différents, mais ils unissent tous leurs racines en un point d'où jaillissent les sons noirs de Manuel Torres, matière ultime et fond commun incontrôlable et frémissant, de bois, de son, de toile et de vocable.

Des sons noirs derrière lesquels se retrouvent déjà, dans une tendre intimité, les volcans, les fourmis, les zéphyrs et la grande nuit qui s'enserre la taille avec la Voie Lactée.

Mesdames et Messieurs, j'ai levé trois arches, et j'y ai placé, de ma main maladroite, la muse, l'ange et le duende.

La muse demeure immobile ; elle peut avoir sa tunique à petits plis ou les yeux de vache qui vous regardent à Pompéi, ou le gros nez à quatre faces avec lequel l'a peinte son grand ami Picasso. L'ange peut agiter des cheveux d'Antonello de Messine, la tunique de Lippi, et le violon de Massolino ou de Rousseau.

Le duende… Où est le duende ? À travers l'arche vide passe un vent de la pensée qui souffle avec insistance sur les têtes des morts, à la recherche de nouveaux paysages et d'accents ignorés ; un vent qui fleure la salive d'enfant, l'herbe broyée et le voile de méduse, qui annonce le baptême perpétuel des choses qui viennent d'être créées.

❦

Table

Ouvrages de Ignacio Gárate-Martínez

El sentido prohibido. [La palabra en los grupos terapéuticos], Editorial Fundamentos, Madrid, 1982.

Clinica psicoanalitica. [De la clinica a la cura, del grupo a la ética del sujeto], Cimop, Madrid, 1990

Propos sur l'institution, Bordeaux, 1991

La fonction cadre. Vers une éthique de l'engagement, (avec Laurence Gautier), Sunforep, Bordeaux, 1992

Devenir psychanalyste. Les formations de l'Inconscient, (Collectif), Éditions Denoël, Coll. « L'Espace Analytique », Paris, 1996

Lacan en castellano. Tránsito razonado por algunas voces, (avec José-Miguel Marinas), Quipú Ediciones, Madrid, 1996

L'Institution autrement. Pour une clinique du travail social, Gemme Éditions, Paris, 1996

Le Duende, Jouer sa vie. De l'impossible du sujet au sujet de l'impossible, Gemme Éditions, Paris, 1996

Hacerse psicoanalista. Las formaciones de lo inconsciente, (colectivo), Alianza Editorial, Madrid, 1999

Lacan en Español. Breviario de lectura, (avec José Miguel Marinas), Biblioteca Nueva, Madrid, 2003

L'Institution autrement. Pour une clinique du Travail Social, Éditions Érès, Ramonville Saint Agne, 2003

Le Duende, Jouer sa vie. De l'impossible du sujet au sujet de l'impossible, encre marine, la Versanne, 2005

L'Expérience d'une psychanalyse. Généalogies du désir à l'œuvre, Collection « La clinique du transfert, », Éditions Érès, Ramonville Saint Agne, 2006

Guérir ou désirer ? Petits propos de psychanalyse vivante, Collection « La parole en acte », Michalon, « encre marine », Paris, 2007

Achevé d'imprimer en août 2008
sur les presses de l'imprimerie Chirat
42540 St-Just-La-Pendue,
pour le compte des Éditions Les Belles Lettres
collection « encre marine »
selon une maquette fournie par leurs soins.
Dépôt légal : août 2008 - N° 2164
ISBN : 978-2-909422-95-X